Rotary Club Köln – Albertus-Magnus (Hg.)
Kinderrechte

Kinderrechte

Herausgegeben von
Rotary Club Köln – Albertus-Magnus

Dittrich

© Dittrich Verlag ist ein Imprint
der Velbrück GmbH, Weilerswist-Metternich 2024
Printed in Germany
ISBN 978-3-910732-39-1
www.dittrich-verlag.de

Illustrationen: Paula Ellert-Wasserfuhr, Düsseldorf
Satz: Gaja Busch, Berlin
Covergestaltung: Katharina Jüssen, Metternich

Bibliografische Information der Deutschen Nationalbibliothek:
Die Deutsche Nationalbibliothek verzeichnet diese Publikation in der Deutschen Nationalbibliografie; detaillierte bibliografische Daten sind im Internet über http://dnb.dnb.de abrufbar.

> »Wenn du einem Kind Liebe gibst, gibst du es der ganzen Menschheit«,

sagt Khalil Gibran, um damit herauszustellen, dass die Art des Umgangs mit Kindern grundlegend für die Ernsthaftigkeit der Welt in Gegenwart und Zukunft und essentiell ist. Das hat sich die UN-Kinderrechtskonvention (UNCRC) zum Ziel gesetzt. Sie ist ein internationales Abkommen, das die Rechte von Kindern weltweit schützt und fördert. Seit ihrer Verabschiedung durch die Generalversammlung der Vereinten Nationen im Jahr 1989 ist die UNCRC das am häufigsten ratifizierte Menschenrechtsdokument in der Geschichte. Der Vertrag umfasst 54 Artikel, darunter das Recht auf Überleben, Entwicklung, Schutz vor Missbrauch und Ausbeutung sowie das Recht auf Partizipation.

Mittendrin statt nur dabei

Betroffenheit ist bei Verstößen gegen Kinderrechte Ehrensache – hilft aber allein keinem! Kinderrechte sind nicht nur für prekäre Regionen dieser Welt gemacht; für »failed states«, weit weg, sehr theoretisch. Sie sind für Kinder und Erwachsene in Industrienationen gleichermaßen relevant.

Schokolade und Kaffee, Autobatterien – und schon sind Menschen weltweit wahrscheinlich auch Nutznießer von Kinderarbeit.

Gesetzliche Regelungen über Lieferketten mögen der Wirtschaft das Atmen erschweren. Sicher gibt es aber andere Spielwiesen für Wirtschaft und Industrie,

Regulierungswahn anzuprangern, als gerade die Schutzvorschriften, die Kinderrechte und Menschenwürde unter Schutz stellen.

Es wäre zu schlicht, den Blick auf Schokolade und Kakao zu beschränken. Auch in Industrienationen gibt es gesellschaftlich faktisch tolerierte Verstöße gegen die UN-Kinderrechtskonvention, obwohl diese Länder oft über gut entwickelte Rechtssysteme und soziale Dienste verfügen. Es gibt

- Kinderarmut,
- Kindesmissbrauch in allen Teilen der Gesellschaften; nicht nur in Familien, Sportvereinen und Kirchen,
- Bildungschancen, die in vielen Industrienationen abhängig von Vermögen und Bildung der Eltern sind,
- unzureichende Gesundheitsversorgung von Kindern und
- Ausgrenzung wegen nationaler Herkunft, Hautfarbe, Religion, sexueller Orientierung.

Niemand der ernst genommen werden möchte, darf das als Realität oder gottgegeben abtun.

Menschenwürde war nie Wokeness

»Das ist oder war halt früher so«, ist falsch.

Kant schon geht davon aus, dass der Mensch »ein Zweck an sich ist« und nicht einem fremden Zweck unterworfen werden darf. Im Islam wird dem Menschen Würde zuteil, unter anderem auf Basis der Sure 17

Vers 70: »Nun haben wir fürwahr den Kindern Adams Würde verliehen […] und sie weiter über alle Dinge unserer Schöpfung begünstigt.« Auch außereuropäische Religionen und Philosophien kennen die Anerkennung des Werts und der Würde des einzelnen Menschenlebens. Diese finden sich schon beim chinesischen Philosophen Menzius (ca. 370–290 v. Chr.).

Dennoch waren vor der Verabschiedung der UNCRC die Rechte von Kindern oft marginalisiert und in vielen Teilen der Welt wurden Kinder als Eigentum ihrer Eltern oder als Arbeitskräfte betrachtet.

Die Genfer Erklärung über die Rechte des Kindes von 1924 und die Erklärung der Rechte des Kindes von 1959 legten zwar den Grundstein, hatten jedoch keine bindende Wirkung. Erst die UNCRC brachte eine verbindliche, umfassende rechtliche Grundlage, die den Schutz und die Förderung der Kinderrechte garantiert.

Die UNCRC gliedert sich in vier zentrale Prinzipien:

- **Nichtdiskriminierung (Artikel 2):** Jedes Kind hat Anspruch auf die in der Konvention festgelegten Rechte, unabhängig von seiner Herkunft, seinem Geschlecht, seiner Religion oder anderen Statusmerkmalen.
- **Vorrang des Kindeswohls (Artikel 3):** Bei allen Maßnahmen, die Kinder betreffen, muss das Wohl des Kindes vorrangig berücksichtigt werden.
- **Recht auf Leben, Überleben und Entwicklung (Artikel 6):** Jedes Kind hat das Recht auf Leben und die bestmögliche Entwicklung.

- **Achtung vor der Meinung des Kindes (Artikel 12):** Kinder haben das Recht, ihre Meinung zu allen sie betreffenden Angelegenheiten frei zu äußern, und diese Meinung muss angemessen berücksichtigt werden.

Muss das sein?

Immer wieder wird diskutiert, ob das rechtlich erforderlich ist und ausreicht.

Hierzu ein fast analoge Parallele: Im Parlamentarischen Rat stritten 1949 die vier Mütter des Grundgesetzes der Bundesrepublik Deutschland mit ihren vielen männlichen Kollegen über die Frage, ob es nicht im Gleichheitssatz des Art. 3 GG reiche zu schreiben: »Alle Menschen sind vor dem Gesetz gleich«. Elisabeth Selbert stritt für die Ergänzung »Frauen und Männer sind gleichberechtigt« – und setzte sich durch.

Dieser Satz, so die Männer, habe doch bereits in der Weimarer Reichsverfassung von 1919 gestanden und sei ausreichend. Elisabeth Selbert hielt ihnen die Realität entgegen: Trotz des Satzes in der Weimarer Reichsverfassung hätten die von Männern dominierten Parlamente durch einfache Gesetze verhindert, die rechtliche Gleichberechtigung umzusetzen. So sei der Satz in der Weimarer Reichsverfassung ein inhaltsleerer Programmsatz geblieben. Die Argumente der Männer demaskierten sich selbst: Dann müssten ja alles Gesetze – wie das BGB – umgeschrieben werden. »Eben«, war die ebenso schlichte wie kluge Antwort von Elisabeth Selbert.

Eine ähnliche Qualität hat die juristische Diskussion um die Aufnahme der Kinderrechte in die Verfassungen. Hier mögen Verfassungspuristen und Freunde programmatischer Erklärungen in Verfassungen trefflich streiten. Art. 1 sagt: »Die Würde des Menschen ist unantastbar.« Das gilt durch nichts relativiert auch für Kinder. Ähnlich wie bei der Gleichberechtigung der Geschlechter aber sind heute auch Kinderrechte bei uns nicht vollständig realisiert. Diese Diskussion ist berechtigt.

Kinderrechte sind machbar

Norwegen hat umfassende Gesetze und Institutionen geschaffen, um die Rechte von Kindern zu schützen. Ein herausragendes Beispiel ist der Ombudsmann für Kinder, der als unabhängige Institution fungiert und die Aufgabe hat, die Rechte der Kinder zu überwachen und zu fördern. Norwegen hat auch umfassende Sozialprogramme eingeführt, die sicherstellen, dass alle Kinder Zugang zu Bildung, Gesundheitsversorgung und einem sicheren Umfeld haben.

Costa Rica hat erhebliche Investitionen in Bildung und Gesundheitsversorgung getätigt. Die Alphabetisierungsrate liegt bei fast 100 Prozent. Die Kindersterblichkeitsrate ist eine der niedrigsten in Lateinamerika. Costa Rica hat auch spezielle Programme eingeführt, um Kinder vor Gewalt und Ausbeutung zu schützen, darunter spezielle

Kinderschutzteams und ein nationales System zur Überwachung von Kinderrechten.

Kinderrechte werden auch in Verfassungen mehrerer Länder ausdrücklich erwähnt:

Die Verfassung von Südafrika von 1996 bezieht sich ausdrücklich auf Kinderrechte und regelt, dass jedes Kind das Recht auf einen Namen, Nationalität, elterliche Fürsorge, Schutz vor Missbrauch und Zugang zu grundlegenden Bedürfnissen wie Ernährung, Gesundheitsversorgung und Bildung hat.

Die Verfassung von Ecuador stellt sicher, dass der Staat, die Gesellschaft und die Familie für die vollständige Entwicklung von Kindern verantwortlich sind und dass Kinder das Recht auf Schutz, Pflege und Bildung haben.

In der brasilianischen Verfassung von 1988 sind die Rechte von Kindern und Jugendlichen ausdrücklich festgelegt: Es ist die Pflicht der Familie, der Gesellschaft und des Staates, die Rechte von Kindern zu schützen, einschließlich ihres Rechts auf Leben, Gesundheit, Nahrung, Bildung, Freizeit, Berufsausbildung, Kultur, Würde, Respekt und Freiheit.

Die Verfassung der Philippinen von 1987 verpflichtet den Staat, die Rechte von Kindern auf Betreuung und Schutz vor Missbrauch, Ausbeutung und anderen Bedingungen, die für ihre Entwicklung schädlich sind, zu schützen.

Die finnische Verfassung verpflichtet den Staat, das Wohl des Kindes bei allen Entscheidungen zu berücksichtigen. Jedes Kind hat das Recht auf eine sichere Kindheit und eine Förderung seiner Entwicklung.

Die Verfassung von Mexiko besagt, dass jedes Kind das Recht auf Zufriedenheit seiner Bedürfnisse hinsichtlich Nahrung, Gesundheit, Bildung und gesunder Freizeitgestaltung hat. Der Staat ist verpflichtet, diese Rechte zu gewährleisten.

Die Aufnahme solcher Bestimmungen in die Verfassungen trägt wesentlich dazu bei, die Rechte von Kindern zu stärken und ihre Entwicklung und ihr Wohl zu fördern. Die Reihe ließe sich fortsetzen.

Realität bleibt zurück

Trotz des Fortschritts in vielen Ländern bleiben Armut und Ungleichheit erhebliche Hindernisse für die Umsetzung der Kinderrechte. In vielen Entwicklungsländern haben Kinder keinen Zugang zu grundlegenden Rechten wie Bildung, Gesundheitsversorgung und sauberem Wasser. Armut erhöht auch das Risiko von Kinderarbeit, Ausbeutung und Vernachlässigung.

In Kriegsgebieten sind Kinder besonders gefährdet und leiden unter Gewalt, Vertreibung und Verlust von Familienangehörigen. Ein erschreckendes Beispiel ist der Bürgerkrieg in Syrien, der Millionen von Kindern ihrer Grundrechte beraubt hat. Viele Kinder haben keinen Zugang zu Bildung, leben in unsicheren Verhältnissen und sind psychischen Traumata ausgesetzt.

In einigen Gesellschaften stellen kulturelle und soziale Normen Barrieren für die Umsetzung der Kinderrechte dar. Traditionelle Praktiken wie Kinderheirat und weibliche

Genitalverstümmelung sind tief verwurzelt und schwer zu überwinden. In Ländern wie Niger, wo 76 Prozent der Mädchen vor ihrem 18. Geburtstag verheiratet sind, stellt Kinderheirat eine gravierende Verletzung der Kinderrechte dar und behindert die Entwicklung von Mädchen.

Gesetzlicher Rahmen erforderlich

Ein wesentlicher Schritt zur Verbesserung der Umsetzung der Kinderrechte ist die Stärkung der gesetzlichen Rahmenbedingungen. Länder müssen sicherstellen, dass ihre nationalen Gesetze mit den Bestimmungen der UNCRC übereinstimmen.

Bildung und Bewusstseinsbildung sind entscheidend, um die Rechte der Kinder zu fördern. Regierungen und NGO müssen Programme entwickeln, die sowohl Kinder als auch Erwachsene über die Rechte von Kindern aufklären. Ein Beispiel ist das »Education for All«-Programm der UNESCO, das darauf abzielt, allen Kindern Zugang zu hochwertiger Grundbildung zu ermöglichen.

Die Unterstützung von Familien und Gemeinschaften ist ebenfalls wichtig, um die Kinderrechte zu fördern. Sozialprogramme, die Familien finanziell unterstützen und den Zugang zu Gesundheits- und Sozialdiensten verbessern, können dazu beitragen, die Lebensbedingungen von Kindern zu verbessern. In Brasilien hat das »Bolsa Família«-Programm, das bedürftige Familien finanziell unterstützt, erheblich dazu beigetragen, die Armut zu reduzieren und den Schulbesuch von Kindern zu erhöhen.

Die internationale Zusammenarbeit spielt eine entscheidende Rolle bei der Förderung der Kinderrechte, um Ressourcen zu mobilisieren und bewährte Praktiken auszutauschen. Die UNICEF, die UN-Agentur für Kinderrechte, arbeitet weltweit mit Regierungen, NGO und anderen Partnern zusammen.

Auch in vielen Industrienationen gibt es beträchtliche Raten von Kinderarmut, die oft mit mangelndem Zugang zu Bildung, Gesundheitsversorgung und angemessenem Wohnraum einhergeht.

Trotz umfassender gesetzlicher Schutzmaßnahmen sind Misshandlung und Vernachlässigung von Kindern weiterhin ein ernstes Problem in Industrienationen. In Deutschland wurden im Jahr 2020 etwa 152.500 Fälle von Kindeswohlgefährdung gemeldet. In den USA meldet die nationale Kinderschutzbehörde jährlich Millionen von Verdachtsfällen auf Kindesmisshandlung.

Auch in anderen wohlhabenden Ländern gibt es Probleme mit dem Zugang zu qualitativ hochwertiger Bildung.

In vielen Industrienationen gibt es weiterhin erhebliche Ungleichheiten im Zugang zur Gesundheitsversorgung, insbesondere diejenigen aus einkommensschwachen Familien oder bestimmten ethnischen Minderheiten.

Diskriminierung und Mobbing sind an Schulen weltweit verbreitet. Viele Schülerinnen und Schüler berichten von Mobbing aufgrund ihres ethnischen Hintergrunds, Geschlechts oder anderer Merkmale.

Industrieländer haben verschiedene erste Maßnahmen ergriffen, um diese Verstöße zu bekämpfen. Sie haben

Gesetze verabschiedet, die den Schutz von Kindern verbessern sollen, etwa durch strengere Strafen für Kindesmisshandlung und bessere Unterstützung für Familien in Not. Programme zur Bekämpfung von Kinderarmut und zur Unterstützung benachteiligter Familien sind in vielen Ländern weit verbreitet ebenso wie Initiativen zur Verbesserung des Bildungszugangs und zur Reduzierung von Bildungsungleichheiten. Bemühungen, den Zugang zur Gesundheitsversorgung für alle Kinder zu verbessern, sind in vielen Industrienationen ein Schwerpunkt.

Fazit

Die UN-Kinderrechtskonvention ist stets aktuell – überall – und hat einen bedeutenden Beitrag zum Schutz und zur Förderung der Rechte von Kindern weltweit geleistet. Trotz der erzielten Fortschritte stehen viele Länder weiterhin vor erheblichen Herausforderungen: Armut, Konflikte, kulturelle Barrieren und unzureichende gesetzliche Rahmenbedingungen sind einige der Hindernisse, die überwunden werden müssen. Durch verstärkte gesetzliche Maßnahmen, Bildung, Unterstützung von Familien und internationale Zusammenarbeit können diese Herausforderungen jedoch bewältigt werden. Die Verwirklichung der Rechte aller Kinder erfordert ein kontinuierliches Engagement und die Zusammenarbeit aller Akteure der Gesellschaft.

Lieferketten sind zu überprüfen, Staaten zu drängen und ethische Grundsätze durchzusetzen.

Dazu kann und muss jeder beitragen in Diskussionen im Freundeskreis und im Beruf: Die Missstände sind kein »Gedöns«, keine Sozialromantik. Sie sind kein Problem von Entwicklungs- und Schwellenländern, sondern der Menschheit. Sie sind ganz nah. Und sie werden nicht allein durch Likes in Sozialen Medien, verständnisvolle Profilbilder und warme Worte beseitigt.

Beherztes Handeln ist erforderlich:

Einfach mal machen!

Prof. Dr. iur. Remo Laschet, Köln
Rechtsanwalt, Rechtskontor PartmbB,
Rheinische Hochschule Köln

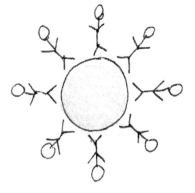

Artikel 1
[Geltung für das Kind; Begriffsbestimmung]

Im Sinne dieses Übereinkommens ist ein Kind jeder Mensch, der das achtzehnte Lebensjahr noch nicht vollendet hat, soweit die Volljährigkeit nach dem auf das Kind anzuwendenden Recht nicht früher eintritt.

Artikel 2
[Achtung der Kindesrechte; Diskriminierungsverbot]

(1) Die Vertragsstaaten achten die in diesem Übereinkommen festgelegten Rechte und gewährleisten sie jedem ihrer Hoheitsgewalt unterstehenden Kind ohne jede Diskriminierung unabhängig von der Rasse, der Hautfarbe, dem Geschlecht, der Sprache, der Religion, der politischen oder sonstigen Anschauung, der nationalen, ethnischen oder sozialen Herkunft, des Vermögens, einer Behinderung, der Geburt oder des sonstigen Status des Kindes, seiner Eltern oder seines Vormunds.

(2) Die Vertragsstaaten treffen alle geeigneten Maßnahmen, um sicherzustellen, dass das Kind vor allen Formen der. Diskriminierung oder Bestrafung wegen des Status, der Tätigkeiten, der Meinungsäußerungen oder der Weltanschauung seiner Eltern, seines Vormunds oder seiner Familienangehörigen geschützt wird.

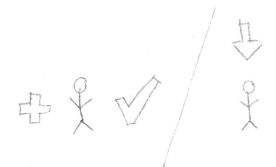

Artikel 3
[Wohl des Kindes]

(1) Bei allen Maßnahmen, die Kinder betreffen, gleichviel ob sie von öffentlichen oder privaten Einrichtungen der sozialen Fürsorge, Gerichten, Verwaltungsbehörden oder Gesetzgebungsorganen getroffen werden, ist das Wohl des Kindes ein Gesichtspunkt, der vorrangig zu berücksichtigen ist.

(2) Die Vertragsstaaten verpflichten sich, dem Kind unter Berücksichtigung der Rechte und Pflichten seiner Eltern, seines Vormunds oder anderer für das Kind gesetzlich verantwortlicher Personen den Schutz und die Fürsorge zu gewährleisten, die zu seinem Wohlergehen notwendig sind; zu diesem Zweck treffen sie alle geeigneten Gesetzgebungs- und Verwaltungsmaßnahmen.

(3) Die Vertragsstaaten stellen sicher, dass die für die Fürsorge für das Kind oder dessen Schutz verantwortlichen Institutionen, Dienste und Einrichtungen den von den zuständigen Behörden festgelegten Normen entsprechen, insbesondere im Bereich der Sicherheit und der Gesundheit sowie hinsichtlich der Zahl und der fachlichen Eignung des Personals und des Bestehens einer ausreichenden Aufsicht.

Artikel 4
[Verwirklichung der Kindesrechte]

Die Vertragsstaaten treffen alle geeigneten Gesetzgebungs-, Verwaltungs- und sonstigen Maßnahmen zur Verwirklichung der in diesem Übereinkommen anerkannten Rechte. Hinsichtlich der wirtschaftlichen, sozialen und kulturellen Rechte treffen die Vertragsstaaten derartige Maßnahmen unter Ausschöpfung ihrer verfügbaren Mittel und erforderlichenfalls im Rahmen der internationalen Zusammenarbeit.

Artikel 5
[Respektierung des Elternrechts]

Die Vertragsstaaten achten die Aufgaben, Rechte und Pflichten der Eltern oder gegebenenfalls, soweit nach Ortsbrauch vorgesehen, der Mitglieder der weiteren Familie oder der Gemeinschaft, des Vormunds oder anderer für das Kind gesetzlich verantwortlicher Personen, das Kind bei der Ausübung der in diesem Übereinkommen anerkannten Rechte in einer seiner Entwicklung entsprechenden Weise angemessen zu leiten und zu führen.

Artikel 6
[Recht auf Leben]

(1) Die Vertragsstaaten erkennen an, dass jedes Kind ein angeborenes Recht auf Leben hat.

(2) Die Vertragsstaaten gewährleisten in größtmöglichem Umfang das Überleben und die Entwicklung des Kindes.

Sophia

Artikel 7
[Geburtsregister, Name, Staatsangehörigkeit

(1) Das Kind ist unverzüglich nach seiner Geburt in ein Register einzutragen und hat das Recht auf einen Namen von Geburt an, das Recht, eine Staatsangehörigkeit zu erwerben, und soweit möglich das Recht, seine Eltern zu kennen und von ihnen betreut zu werden.

(2) Die Vertragsstaaten stellen die Verwirklichung dieser Rechte im Einklang mit ihrem innerstaatlichen Recht und mit ihren Verpflichtungen aufgrund der einschlägigen internationalen Übereinkünfte in diesem Bereich sicher, insbesondere für den Fall, dass das Kind sonst staatenlos wäre.

Artikel 8
[Identität]

(1) Die Vertragsstaaten verpflichten sich, das Recht des Kindes zu achten, seine Identität, einschließlich seiner Staatsangehörigkeit, seines Namens und seiner gesetzlich anerkannten Familienbeziehungen, ohne rechtswidrige Eingriffe zu behalten.

(2) Werden einem Kind widerrechtlich einige oder alle Bestandteile seiner Identität genommen, so gewähren die Vertragsstaaten ihm angemessenen Beistand und Schutz mit dem Ziel, seine Identität so schnell wie möglich wiederherzustellen.

Artikel 9
[Trennung von den Eltern; persönlicher Umgang]

(1) Die Vertragsstaaten stellen sicher, dass ein Kind nicht gegen den Willen seiner Eltern von diesen getrennt wird, es sei denn, dass die zuständigen Behörden in einer gerichtlich nachprüfbaren Entscheidung nach den anzuwendenden Rechtsvorschriften und Verfahren bestimmen dass diese Trennung zum Wohl des Kindes notwendig ist. Eine solche Entscheidung kann im Einzelfall notwendig werden, wie etwa wenn das Kind durch die Eltern. misshandelt oder vernachlässigt wird oder wenn bei getrennt lebenden Eltern eine Entscheidung über den Aufenthaltsort des Kindes zu treffen ist.

(2) In Verfahren nach Absatz 1 ist allen Beteiligten Gelegenheit zu geben, am Verfahren teilzunehmen und ihre Meinung zu äußern.

(3) Die Vertragsstaaten achten das Recht des Kindes, das von einem oder beiden Elternteilen getrennt ist, regelmäßige persönliche Beziehungen und unmittelbare Kontakte zu beiden Elternteilen zu pflegen, soweit dies nicht dem Wohl des Kindes widerspricht.

(4) Ist die Trennung Folge einer von einem Vertragsstaat eingeleiteten Maßnahme, wie etwa einer Freiheitsentziehung, Freiheitsstrafe, Landesverweisung oder Abschiebung oder des Todes eines oder beider

Elternteile oder des Kindes (auch eines Todes, der aus irgendeinem Grund eintritt, während der Betreffende sich in staatlichem Gewahrsam befindet), so erteilt der Vertragsstaat auf Antrag den Eltern, dem Kind oder gegebenenfalls einem anderen Familienangehörigen die wesentlichen Auskünfte über den Verbleib des oder der abwesenden Familienangehörigen, sofern dies nicht dem Wohl des Kindes abträglich wäre. Die Vertragsstaaten stellen ferner sicher, dass allein die Stellung eines solchen Antrags keine nachteiligen Folgen für den oder die Betroffenen hat.

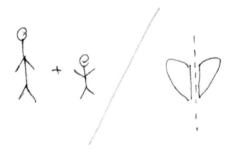

Artikel 10
[Familienzusammenführung; grenzüberschreitende Kontakte]

(1) Entsprechend der Verpflichtung der Vertragsstaaten nach Artikel 9 Absatz 1 werden von einem Kind oder seinen Eltern zwecks Familienzusammenführung gestellte Anträge auf Einreise in einen Vertragsstaat oder Ausreise aus einem Vertragsstaat von den Vertragsstaaten wohlwollend, human und beschleunigt bearbeitet. Die Vertragsstaaten stellen ferner sicher, dass die Stellung eines solchen Antrags keine nachteiligen Folgen für die Antragsteller und deren Familienangehörige hat.

(2) Ein Kind, dessen Eltern ihren Aufenthalt in verschiedenen Staaten haben, hat das Recht, regelmäßige persönliche Beziehungen und unmittelbare Kontakte zu beiden Elternteilen zu pflegen, soweit nicht außergewöhnliche Umstände vorliegen. Zu diesem Zweck achten die Vertragsstaaten entsprechend ihrer Verpflichtung nach Artikel 9 Absatz 1 das Recht des Kindes und seiner Eltern, aus jedem Land einschließlich ihres eigenen auszureisen und in ihr eigenes Land einzureisen. Das Recht auf Ausreise aus einem Land unterliegt nur den gesetzlich vorgesehenen Beschränkungen, die zum Schutz der nationalen Sicherheit, der öffentlichen Ordnung (ordre public), der Volksgesundheit, der öffentlichen Sittlichkeit oder der Rechte und Freiheiten

anderer notwendig und mit den anderen in diesem Übereinkommen anerkannten Rechten vereinbar sind.

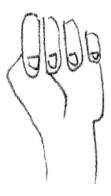

Artikel 11
[Rechtswidrige Verbringung von Kindern ins Ausland]

(1) Die Vertragsstaaten treffen Maßnahmen, um das rechtswidrige Verbringen von Kindern ins Ausland und ihre rechtswidrige Nichtrückgabe zu bekämpfen.

(2) Zu diesem Zweck fördern die Vertragsstaaten den Abschluss zwei- oder mehrseitiger Übereinkünfte oder den Beitritt zu bestehenden Übereinkünften.

Artikel 12
[Berücksichtigung des Kindeswillens]

(1) Die Vertragsstaaten sichern dem Kind, das fähig ist, sich eine eigene Meinung zu bilden, das Recht zu, diese Meinung in allen das Kind berührenden Angelegenheiten frei zu äußern, und berücksichtigen die Meinung des Kindes angemessen und entsprechend seinem Alter und seiner Reife.

(2) Zu diesem Zweck wird dem Kind insbesondere Gelegenheit gegeben, in allen das Kind berührenden Gerichts- oder Verwaltungsverfahren entweder unmittelbar oder durch einen Vertreter oder eine geeignete Stelle im Einklang mit den innerstaatlichen Verfahrensvorschriften gehört zu werden.

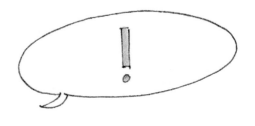

Artikel 13
[Meinungs- und Informationsfreiheit]

(1) Das Kind hat das Recht auf freie Meinungsäußerung; dieses Recht schließt die Freiheit ein, ungeachtet der Staatsgrenzen Informationen und Gedankengut jeder Art in Wort, Schrift oder Druck, durch Kunstwerke oder andere vom Kind gewählte Mittel sich zu beschaffen, zu empfangen und weiterzugeben.

(2) Die Ausübung dieses Rechts kann bestimmten, gesetzlich vorgesehenen Einschränkungen unterworfen werden, die erforderlich sind
 a) für die Achtung der Rechte oder des Rufes anderer oder
 b) für den Schutz der nationalen Sicherheit, der öffentlichen Ordnung (ordre public), der Volksgesundheit oder der öffentlichen Sittlichkeit.

Artikel 14
[Gedanken-, Gewissens- und Religionsfreiheit]

(1) Die Vertragsstaaten achten das Recht des Kindes auf Gedanken-, Gewissens- und Religionsfreiheit.

(2) Die Vertragsstaaten achten die Rechte und Pflichten der Eltern und gegebenenfalls des Vormunds, das Kind bei der Ausübung dieses Rechts in einer seiner Entwicklung entsprechenden Weise zu leiten

(3) Die Freiheit, seine Religion oder Weltanschauung zu bekunden, darf nur den gesetzlich vorgesehenen Einschränkungen unterworfen werden, die zum Schutz der öffentlichen Sicherheit, Ordnung, Gesundheit oder Sittlichkeit oder der Grundrechte und -freiheiten anderer erforderlich sind.

Wir sind die **ZUKUNFT**

Artikel 15
[Vereinigungs- und Versammlungsfreiheit]

(1) Die Vertragsstaaten erkennen das Recht des Kindes an, sich frei mit anderen zusammenzuschließen und sich friedlich zu versammeln.

(2) Die Ausübung dieses Rechts darf keinen anderen als den gesetzlich vorgesehenen Einschränkungen unterworfen werden, die in einer demokratischen Gesellschaft im Interesse der nationalen oder der öffentlichen Sicherheit, der öffentlichen Ordnung (ordre public), zum Schutz der Volksgesundheit oder der öffentlichen Sittlichkeit oder zum Schutz der Rechte und Freiheiten anderer notwendig sind.

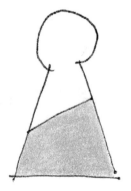

Artikel 16
[Schutz der Privatsphäre und Ehre]

(1) Kein Kind darf willkürlichen oder rechtswidrigen Eingriffen in sein Privatleben, seine Familie, seine Wohnung oder seinen Schriftverkehr oder rechtswidrigen Beeinträchtigungen seiner Ehre und seines Rufes ausgesetzt werden.

(2) Das Kind hat Anspruch auf rechtlichen Schutz gegen solche Eingriffe oder Beeinträchtigungen.

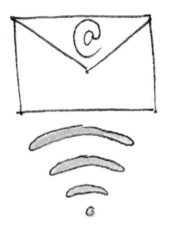

Artikel 17
[Zugang zu den Medien; Kinder- und Jugendschutz]

Die Vertragsstaaten erkennen die wichtige Rolle der Massenmedien an und stellen sicher, dass das Kind Zugang hat zu Informationen und Material aus einer Vielfalt nationaler und internationaler Quellen, insbesondere derjenigen, welche die Förderung seines sozialen, seelischen und sittlichen Wohlergehens sowie seiner körperlichen und geistigen Gesundheit zum Ziel haben. Zu diesem Zweck werden die Vertragsstaaten

a) die Massenmedien ermutigen, Informationen und Material zu verbreiten, die für das Kind von sozialem und kulturellem Nutzen sind und dem Geist des Artikels 29 entsprechen;

b) die internationale Zusammenarbeit bei der Herstellung, beim Austausch und bei der Verbreitung dieser Informationen und dieses Materials aus einer Vielfalt nationaler und internationaler kultureller Quellen fördern;

c) die Herstellung und Verbreitung von Kinderbüchern fördern;

d) die Massenmedien ermutigen, den sprachlichen Bedürfnissen eines Kindes, das einer Minderheit angehört oder Ureinwohner ist, besonders Rechnung zu tragen;

e) die Erarbeitung geeigneter Richtlinien zum Schutz des Kindes vor Informationen und Material, die sein Wohlergehen beeinträchtigen, fördern, wobei die Artikel 13 und 18 zu berücksichtigen sind.

Artikel 18
[Verantwortung für das Kindeswohl]

(1) Die Vertragsstaaten bemühen sich nach besten Kräften, die Anerkennung des Grundsatzes sicherzustellen, dass beide Elternteile gemeinsam für die Erziehung und Entwicklung des Kindes verantwortlich sind. Für die Erziehung und Entwicklung des Kindes sind in erster Linie die Eltern oder gegebenenfalls der Vormund verantwortlich. Dabei ist das Wohl des Kindes ihr Grundanliegen.

(2) Zur Gewährleistung und Förderung der in diesem Übereinkommen festgelegten Rechte unterstützen die Vertragsstaaten die Eltern und den Vormund in angemessener Weise bei der Erfüllung ihrer Aufgabe, das Kind zu erziehen, und sorgen für den Ausbau von Institutionen, Einrichtungen und Diensten für die Betreuung von Kindern.

(3) Die Vertragsstaaten treffen alle geeigneten Maßnahmen, um sicherzustellen, dass Kinder berufstätiger Eltern das Recht haben, die für sie in Betracht kommenden Kinderbetreuungsdienste und -einrichtungen zu nutzen.

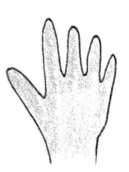

Artikel 19
[Schutz vor Gewaltanwendung, Misshandlung, Verwahrlosung]

(1) Die Vertragsstaaten treffen alle geeigneten Gesetzgebungs-, Verwaltungs-, Sozial- und Bildungsmaßnahmen, um das Kind vor jeder Form körperlicher oder geistiger Gewaltanwendung, Schadenszufügung oder Misshandlung, vor Verwahrlosung Oder Vernachlässigung, vor schlechter Behandlung oder Ausbeutung einschließlich des sexuellen Missbrauchs zu schützen, solange es sich in der Obhut der Eltern oder eines Elternteils, eines Vormunds oder anderen gesetzlichen Vertreters oder einer anderen Person befindet, die das Kind betreut.

(2) Diverse Schutzmaßnahmen sollen je nach den Gegebenheiten wirksame Verfahren zur Aufstellung von Sozialprogrammen enthalten, die dem Kind und denen, die es betreuen, die erforderliche Unterstützung gewähren und andere Formen der Vorbeugung vorsehen sowie Maßnahme zur Aufdeckung, Meldung, Weiterverweisung, Untersuchung, Behandlung und Nachbetreuung in den in Absatz 1 beschriebenen Fällen schlechter Behandlung von Kindern und gegebenenfalls für das Einschreiten der Gerichte.

Artikel 20
[Von der Familie getrennt lebende Kinder; Pflegefamilie; Adoption]

(1) Ein Kind, das vorübergehend oder dauernd aus seiner familiären Umgebung herausgelöst wird oder dem der Verbleib in dieser Umgebung im eigenen Interesse nicht gestattet werden kann, hat Anspruch auf den besonderen Schutz und Beistand des Staates.

(2) Die Vertragsstaaten stellen nach Maßgabe ihres innerstaatlichen Rechts andere Formen der Betreuung eines solchen Kindes sicher.

(3) Als andere Form der Betreuung kommt unter anderem die Aufnahme in eine Pflegefamilie, die Kafala nach islamischem Recht, die Adoption oder, falls erforderlich, die Unterbringung in einer geeigneten Kinderbetreuungseinrichtung in Betracht. Bei der Wahl zwischen diesen Lösungen sind die erwünschte Kontinuität in der Erziehung des Kindes sowie die ethnische, religiöse, kulturelle und sprachliche Herkunft des Kindes gebührend zu berücksichtigen.

Artikel 21
[Adoption]

Die Vertragsstaaten, die das System der Adoption anerkennen oder zulassen, gewährleisten, dass dem Wohl des Kindes bei der Adoption die höchste Bedeutung zugemessen wird; die Vertragsstaaten

a) stellen sicher, dass die Adoption eines Kindes nur durch die zuständigen Behörden bewilligt wird, die nach den anzuwendenden Rechtsvorschriften und Verfahren und auf der Grundlage aller verlässlichen einschlägigen Informationen entscheiden, dass die Adoption angesichts des Status des Kindes in Bezug auf Eltern, Verwandte und einen Vormund zulässig ist und dass, soweit dies erforderlich ist, die betroffenen Personen in Kenntnis der Sachlage und auf der Grundlage einer gegebenenfalls erforderlichen Beratung der Adoption zugestimmt haben;

b) erkennen an, dass die internationale Adoption als andere Form der Betreuung angesehen werden kann, wenn das Kind nicht in seinem Heimatland in einer Pflege- oder Adoptionsfamilie untergebracht oder wenn es dort nicht in geeigneter Weise betreut werden kann;

c) stellen sicher, dass das Kind im Fall einer internationalen Adoption in den Genuss der für nationale Adoptionen geltenden Schutzvorschriften und Normen kommt;

d) treffen alle geeigneten Maßnahmen, um sicherzustellen, dass bei internationaler Adoption für die

Beteiligten keine unstatthaften Vermögensvorteile entstehen;

e) fördern die Ziele dieses Artikels gegebenenfalls durch den Abschluss zwei- oder mehrseitiger Übereinkünfte und bemühen sich in diesem Rahmen sicherzustellen, dass die Unterbringung des Kindes in einem anderen Land durch die zuständigen Behörden oder Stellen durchgeführt wird.

Artikel 22
[Flüchtlingskinder]

(1) Die Vertragsstaaten treffen geeignete Maßnahmen, um sicherzustellen, dass ein Kind, das die Rechtsstellung eines Flüchtlings begehrt oder nach Maßgabe der anzuwendenden Regeln und Verfahren des Völkerrechts oder des innerstaatlichen Rechts als Flüchtling angesehen wird; angemessenen Schutz und humanitäre Hilfe bei der Wahrnehmung der Rechte erhält, die in diesem Übereinkommen oder in anderen internationalen Übereinkünften über Menschenrechte oder über humanitäre Fragen, denen die genannten Staaten als Vertragsparteien angehören, festgelegt sind, und zwar unabhängig davon, ob es sich in Begleitung seiner Eltern oder einer anderen Person befindet oder nicht.

(2) Zu diesem Zweck wirken die Vertragsstaaten in der ihnen angemessen erscheinenden Weise bei allen Bemühungen mit, welche die Vereinten Nationen und andere zuständige zwischenstaatliche oder nichtstaatliche Organisationen, die mit den Vereinten Nationen zusammenarbeiten, unternehmen, um ein solches Kind zu schützen, um ihm zu helfen und um die Eltern oder andere Familienangehörige eines Flüchtlingskinds ausfindig zu machen mit dem Ziel, die für eine Familienzusammenführung notwendigen Informationen zu erlangen. Können die Eltern oder andere Familienangehörige nicht

ausfindig gemacht werden, so ist dem Kind im Einklang mit den in diesem Übereinkommen enthaltenen Grundsätzen derselbe Schutz zu gewähren wie jedem anderen Kind, das aus irgendeinem Grund dauernd oder vorübergehend aus seiner familiären Umgebung herausgelöst ist.

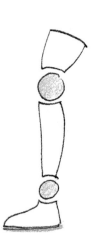

Artikel 23
[Förderung behinderter Kinder]

(1) Die Vertragsstaaten erkennen an, dass ein geistig oder körperlich behindertes Kind ein erfülltes und menschenwürdiges Leben unter Bedingungen führen soll, welche die Würde des Kindes wahren, seine Selbständigkeit fördern und seine aktive Teilnahme am Leben der Gemeinschaft erleichtern.

(2) Die Vertragsstaaten. erkennen das Recht des behinderten Kindes auf besondere Betreuung an und treten dafür ein und stellen sicher, dass dem behinderten Kind und den für seine Betreuung Verantwortlichen im Rahmen der verfügbaren Mittel auf Antrag die Unterstützung zuteil wird, die dem Zustand des Kindes sowie den Lebensumständen der Eltern oder anderer Personen, die das Kind betreuen, angemessen ist.

(3) In Anerkennung der besonderen Bedürfnisse eines behinderten Kindes ist die nach Absatz 2 gewährte Unterstützung soweit irgend möglich und unter Berücksichtigung der finanziellen Mittel der Eltern oder anderer Personen, die das Kind betreuen, unentgeltlich zu leisten und so zu gestalten, dass sichergestellt ist, dass Erziehung, Ausbildung, Gesundheitsdienste, Rehabilitationsdienste, Vorbereitung auf das Berufsleben und Erholungsmöglichkeiten dem behinderten Kind tatsächlich in einer

Weise zugänglich sind, die der möglichst vollständigen sozialen Integration und individuellen Entfaltung des Kindes einschließlich seiner kulturellen und geistigen Entwicklung förderlich ist.

(4) Die Vertragsstaaten fördern im Geist der internationalen Zusammenarbeit den Austausch sachdienlicher Informationen im Bereich der Gesundheitsvorsorge und der medizinischen, psychologischen und funktionellen Behandlung behinderter Kinder einschließlich der Verbreitung von Informationen über Methoden der Rehabilitation, der Erziehung und der Berufsausbildung und des Zugangs zu solchen Informationen, um es den Vertragsstaaten zu ermöglichen, in diesen Bereichen ihre Fähigkeiten und ihr Fachwissen zu verbessern und weitere Erfahrungen zu sammeln. Dabei sind die Bedürfnisse der Entwicklungsländer besonders zu berücksichtigen.

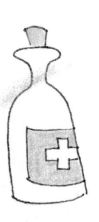

Artikel 24
[Gesundheitsvorsorge]

(1) Die Vertragsstaaten erkennen das Recht des Kindes auf das erreichbare Höchstmaß an Gesundheit an sowie auf Inanspruchnahme von Einrichtungen zur Behandlung von Krankheiten und zur Wiederherstellung der Gesundheit. Die Vertragsstaaten bemühen sich sicherzustellen, dass keinem Kind das Recht auf Zugang zu derartigen Gesundheitsdiensten vorenthalten wird.

(2) Die Vertragsstaaten bemühen sich, die volle Verwirklichung dieses Rechts sicherzustellen, und treffen insbesondere geeignete Maßnahmen, um
   a) die Säuglings- und Kindersterblichkeit zu verringern;
   b) sicherzustellen, dass alle Kinder die notwendige ärztliche Hilfe und Gesundheitsfürsorge erhalten, wobei besonderer Nachdruck auf den Ausbau der gesundheitlichen Grundversorgung gelegt wird;
   c) Krankheiten sowie Unter- und Fehlernährung auch im Rahmen der gesundheitlichen Grundversorgung zu bekämpfen, unter anderem durch den Einsatz leicht zugänglicher Technik und durch die Bereitstellung ausreichender vollwertiger Nahrungsmittel und sauberen Trinkwassers, wobei die Gefahren und Risiken der Umweltverschmutzung zu berücksichtigen sind;

- d) eine angemessene Gesundheitsfürsorge für Mütter vor und nach der Entbindung sicherzustellen;
- e) sicherzustellen, dass allen Teilen der Gesellschaft, insbesondere Eltern und Kindern, Grundkenntnisse über die Gesundheit und Ernährung des Kindes, die Vorteile des Stillens, die Hygiene und die Sauberhaltung der Umwelt sowie die Unfallverhütung vermittelt werden, dass sie Zugang zu der entsprechenden Schulung haben und dass sie bei der Anwendung dieser Grundkenntnisse Unterstützung erhalten;
- f) die Gesundheitsvorsorge, die Elternberatung sowie die Aufklärung und die Dienste auf dem Gebiet der Familienplanung auszubauen.

(3) Die Vertragsstaaten treffen alle wirksamen und geeigneten Maßnahmen, um überlieferte Bräuche, die für die Gesundheit der Kinder schädlich sind, abzuschaffen.

(4) Die Vertragsstaaten verpflichten sich, die internationale Zusammenarbeit zu unterstützen und zu fördern, um fortschreitend die volle Verwirklichung des in diesem Artikel anerkannten Rechts zu erreichen. Dabei sind die Bedürfnisse der Entwicklungsländer besonders zu berücksichtigen.

Artikel 25
[Unterbringung]

Die Vertragsstaaten erkennen an, dass ein Kind, das von den zuständigen Behörden wegen einer körperlichen oder geistigen Erkrankung zur Betreuung, zum Schutz der Gesundheit oder zur Behandlung untergebracht worden ist, das Recht hat auf eine regelmäßige Überprüfung der dem Kind gewährten Behandlung sowie aller anderen Umstände, die für seine Unterbringung von Belang sind.

Artikel 26
[Soziale Sicherheit]

(1) Die Vertragsstaaten erkennen das Recht jedes Kindes auf Leistungen der sozialen Sicherheit einschließlich der Sozialversicherung an und treffen die erforderlichen Maßnahmen, um die volle Verwirklichung dieses Rechts in Übereinstimmung mit dem innerstaatlichen Recht sicherzustellen.

(2) Die Leistungen sollen gegebenenfalls unter Berücksichtigung der wirtschaftlichen Verhältnisse und der sonstigen Umstände des Kindes und der Unterhaltspflichtigen sowie anderer für die Beantragung von Leistungen durch das Kind oder im Namen des Kindes maßgeblicher Gesichtspunkte gewährt werden.

Artikel 27
[Angemessene Lebensbedingungen; Unterhalt]

(1) Die Vertragsstaaten erkennen das Recht jedes Kindes auf einen seiner körperlichen, geistigen, seelischen, sittlichen und sozialen Entwicklung angemessenen Lebensstandard an.

(2) Es ist in erster Linie Aufgabe der Eltern oder anderer für das Kind verantwortlicher Personen, im. Rahmen ihrer Fähigkeiten und finanziellen Möglichkeiten die für die Entwicklung des Kindes notwendigen Lebensbedingungen sicherzustellen.

(3) Die Vertragsstaaten treffen gemäß ihren innerstaatlichen Verhältnissen und im Rahmen ihrer Mittel geeignete Maßnahmen, um den Eltern und anderen für das Kind verantwortlichen Personen bei der Verwirklichung dieses Rechts zu helfen, und sehen bei Bedürftigkeit materielle Hilfs- und Unterstützungsprogramme insbesondere im Hinblick auf Ernährung, Bekleidung und Wohnung vor.

(4) Die Vertragsstaaten treffen alle geeigneten Maßnahmen, um die Geltendmachung von Unterhaltsansprüchen des Kindes gegenüber den Eltern oder anderen finanziell für das Kind verantwortlichen Personen sowohl innerhalb des Vertragsstaats als auch im Ausland sicherzustellen. Insbesondere fördern die Vertragsstaaten, wenn die für das Kind

finanziell verantwortliche Person in einem anderen Staat lebt als das Kind, den Beitritt zu internationalen Übereinkünften oder den Abschluss solcher Übereinkünfte sowie andere geeignete Regelungen.

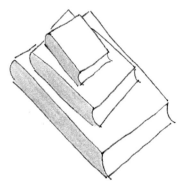

Artikel 28
[Recht auf Bildung; Schule; Berufsausbildung]

(1) Die Vertragsstaaten erkennen das Recht des Kindes auf Bildung an; um die Verwirklichung dieses Rechts auf der Grundlage der Chancengleichheit fortschreitend zu erreichen, werden sie insbesondere
   a) den Besuch der Grundschule für alle zur Pflicht und unentgeltlich machen;
   b) die Entwicklung verschiedener Formen der weiterführenden Schulen allgemein bildender und berufsbildender Art fördern, sie allen Kindern verfügbar und zugänglich machen und geeignete Maßnahmen wie die Einführung der Unentgeltlichkeit und die Bereitstellung. finanzieller Unterstützung bei Bedürftigkeit treffen;
   c) allen entsprechend ihren Fähigkeiten den Zugang zu den Hochschulen mit allen geeigneten Mitteln ermöglichen;
   d) Bildungs- und Berufsberatung allen Kindern verfügbar und zugänglich machen;
   e) Maßnahmen treffen, die den regelmäßigen Schulbesuch fördern und den Anteil derjenigen, welche die Schule vorzeitig verlassen, verringern.

(2) Die Vertragsstaaten treffen alle geeigneten Maßnahmen, um sicherzustellen, dass die Disziplin in der Schule in einer Weise gewahrt wird, die der

Menschenwürde des Kindes entspricht und im Einklang mit diesem Übereinkommen steht.

(3) Die Vertragsstaaten fördern die internationale Zusammenarbeit im Bildungswesen, insbesondere um zur Beseitigung von Unwissenheit und Analphabetentum in der Welt beizutragen und den Zugang zu wissenschaftlichen und technischen Kenntnissen und modernen Unterrichtsmethoden zu erleichtern. Dabei sind die Bedürfnisse der Entwicklungsländer besonders zu berücksichtigen.

Artikel 29
[Bildungsziele; Bildungseinrichtungen]

(1) Die Vertragsstaaten stimmen darin überein, dass die Bildung des Kindes. darauf gerichtet sein muss,
- a) die Persönlichkeit, die Begabung und die geistigen und körperlichen Fähigkeiten des Kindes voll zur Entfaltung zu bringen;
- b) dem Kind Achtung vor den Menschenrechten und Grundfreiheiten und den in der Charta der Vereinten Nationen verankerten Grundsätzen zu vermitteln;
- c) dem Kind Achtung vor seinen Eltern, seiner kulturellen Identität, seiner Sprache und seinen kulturellen Werten, den nationalen Werten des Landes, in dem es lebt, und gegebenenfalls des Landes, aus dem es stammt, sowie vor anderen Kulturen als der eigenen zu vermitteln;
- d) das Kind auf ein verantwortungsbewusstes Leben in einer freien Gesellschaft im Geist der Verständigung, des Friedens, der Toleranz; der Gleichberechtigung der Geschlechter und der Freundschaft zwischen allen Völkern und ethnischen, nationalen und religiösen Gruppen sowie zu Ureinwohnern vorzubereiten;
- e) dem Kind Achtung vor der natürlichen Umwelt zu vermitteln.

(2) Dieser Artikel und Artikel 28 dürfen nicht so ausgelegt werden, dass sie die Freiheit natürlicher oder

juristischer Personen beeinträchtigen, Bildungseinrichtungen zu gründen und zu führen, sofern die in Absatz 1 festgelegten Grundsätze beachtet werden und die in solchen Einrichtungen vermittelte Bildung den von dem Staat gegebenenfalls festgelegten Mindestnormen entspricht.

"Latscho di!"

"Sar tube dschas?"

Artikel 30
[Minderheitenschutz]

In Staaten, in denen es ethnische, religiöse oder sprachliche Minderheiten oder Ureinwohner gibt, darf einem Kind, das einer solchen Minderheit angehört oder Ureinwohner ist, nicht das Recht vorenthalten werden, in Gemeinschaft mit anderen Angehörigen seiner Gruppe seine eigene Kultur zu pflegen, sich zu seiner eigenen Religion zu bekennen und sie auszuüben oder seine eigene Sprache zu verwenden.

Artikel 31
[Beteiligung an Freizeit, kulturellem und künstlerischem Leben, staatliche Förderung]

(1) Die Vertragsstaaten erkennen das Recht des Kindes auf Ruhe und Freizeit an, auf Spiel und altersgemäße aktive Erholung sowie auf freie Teilnahme am kulturellen und künstlerischen Leben.

(2) Die Vertragsstaaten achten und fördern das Recht des Kindes auf volle Beteiligung am kulturellen und künstlerischen Leben und fördern die Bereitstellung geeigneter und gleicher Möglichkeiten für die kulturelle und künstlerische Betätigung sowie für aktive Erholung und Freizeitbeschäftigung.

Artikel 32
[Schutz vor wirtschaftlicher Ausbeutung]

(1) Die Vertragsstaaten erkennen das Recht des Kindes an, vor wirtschaftlicher Ausbeutung geschützt und nicht zu einer Arbeit herangezogen zu werden, die Gefahren mit sich bringen, die Erziehung des Kindes behindern oder die Gesundheit des Kindes oder seine körperliche, geistige, seelische, sittliche oder soziale Entwicklung schädigen könnte.

(2) Die Vertragsstaaten treffen Gesetzgebungs-, Verwaltungs-, Sozial- und Bildungsmaßnahmen, um die Durchführung dieses Artikels sicherzustellen. Zu diesem Zweck und unter Berücksichtigung der einschlägigen Bestimmungen anderer internationaler Übereinkünfte werden die Vertragsstaaten insbesondere
   a) ein oder mehrere Mindestalter für die Zulassung zur Arbeit festlegen;
   b) eine angemessene Regelung der Arbeitszeit und der Arbeitsbedingungen vorsehen;
   c) angemessene Strafen oder andere Sanktionen zur wirksamen Durchsetzung dieses Artikels vorsehen.

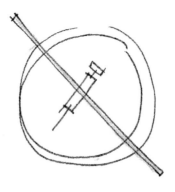

Artikel 33
[Schutz vor Suchtstoffen]

Die Vertragsstaaten treffen alle geeigneten Maßnahmen einschließlich Gesetzgebungs-, Verwaltungs-, Sozial- und Bildungsmaßnahmen, um Kinder vor dem unerlaubten Gebrauch von Suchtstoffen und psychotropen Stoffen im Sinne der diesbezüglichen internationalen Übereinkünfte zu schützen und den Einsatz von Kindern bei der unerlaubten Herstellung dieser Stoffe und beim unerlaubten Verkehr mit diesen Stoffen zu verhindern.

Artikel 34
[Schutz vor sexuellem Missbrauch]

Die Vertragsstaaten verpflichten sich, das Kind vor allen Formen sexueller Ausbeutung und sexuellen Missbrauchs zu schützen. Zu diesem Zweck treffen die Vertragsstaaten insbesondere alle geeigneten innerstaatlichen, zweiseitigen und mehrseitigen Maßnahmen, um zu verhindern, dass Kinder

a) zur Beteiligung an rechtswidrigen sexuellen Handlungen verleitet oder gezwungen werden;
b) für die Prostitution oder andere rechtswidrige sexuelle Praktiken ausgebeutet werden;
c) für pornographische Darbietungen und Darstellungen ausgebeutet werden.

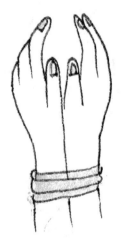

Artikel 35
[Maßnahmen gegen Entführung und Kinderhandel]

Die Vertragsstaaten treffen alle geeigneten innerstaatlichen, zweiseitigen und mehrseitigen Maßnahmen, um die Entführung und den Verkauf von Kindern sowie den Handel mit Kindern zu irgendeinem Zweck und in irgendeiner Form zu verhindern.

Artikel 36
[Schutz vor sonstiger Ausbeutung]

Die Vertragsstaaten schützen das Kind vor allen sonstigen Formen der Ausbeutung, die das Wohl des Kindes in irgendeiner Weise beeinträchtigen.

Artikel 37
[Verbot der Folter, der Todesstrafe, lebenslanger Freiheitsstrafe, Rechtsbeistandschaft]

Die Vertragsstaaten stellen sicher,

a) dass kein Kind der Folter Oder einer anderen grausamen, unmenschlichen oder erniedrigenden Behandlung oder Strafe unterworfen wird. Für Straftaten, die von Personen vor Vollendung des achtzehnten Lebensjahrs begangen worden sind, darf weder die Todesstrafe noch lebenslange Freiheitsstrafe ohne die Möglichkeit vorzeitiger Entlassung verhängt werden;

b) dass keinem Kind die Freiheit rechtswidrig oder willkürlich entzogen wird. Festnahme, Freiheitsentziehung oder Freiheitsstrafe darf bei einem Kind im Einklang mit dem Gesetz nur als letztes Mittel und für die kürzeste angemessene Zeit angewendet werden;

c) dass jedes Kind, dem die Freiheit entzogen ist, menschlich und mit Achtung vor der dem Menschen innewohnenden Würde und unter Berücksichtigung der Bedürfnisse von Personen seines Alters behandelt wird. Insbesondere ist jedes Kind, dem die Freiheit entzogen ist, von Erwachsenen zu trennen, sofern nicht ein anderes Vorgehen als dem Wohl des Kindes dienlich erachtet wird; jedes Kind hat das Recht, mit seiner Familie durch Briefwechsel und Besuche in Verbindung zu bleiben, sofern nicht außergewöhnliche Umstände vorliegen;

d) dass jedes Kind, dem die Freiheit entzogen ist, das Recht auf umgehenden Zugang zu einem rechtskundigen oder anderen geeigneten Beistand und das Recht hat, die Rechtmäßigkeit der Freiheitsentziehung bei einem Gericht oder einer anderen zuständigen, unabhängigen und unparteiischen Behörde anzufechten, sowie das Recht auf alsbaldige Entscheidung in einem solchen Verfahren.

Artikel 38
[Schutz bei bewaffneten Konflikten; Einziehung zu den Streitkräften]

(1) Die Vertragsstaaten verpflichten sich, die für sie verbindlichen Regeln des in bewaffneten Konflikten anwendbaren humanitären Völkerrechts, die für das Kind Bedeutung haben, zu beachten und für deren Beachtung zu sorgen.

(2) Die Vertragsstaaten treffen alle durchführbaren Maßnahmen, um sicherzustellen, dass Personen, die das fünfzehnte Lebensjahr noch nicht vollendet haben, nicht unmittelbar an Feindseligkeiten teilnehmen.

(3) Die Vertragsstaaten nehmen davon Abstand, Personen, die das fünfzehnte Lebensjahr noch nicht vollendet haben1 zu ihren Streitkräften einzuziehen. Werden Personen zu den Streitkräften eingezogen, die zwar das fünfzehnte, nicht aber das achtzehnte Lebensjahr vollendet haben, so bemühen sich die Vertragsstaaten, vorrangig die jeweils ältesten einzuziehen.

(4) Im Einklang mit ihren Verpflichtungen nach dem humanitären Völkerrecht, die Zivilbevölkerung in bewaffneten Konflikten zu schützen, treffen die Vertragsstaaten alle durchführbaren Maßnahmen, um sicherzustellen, dass von einem bewaffneten Konflikt betroffene Kinder geschützt und betreut werden.

Artikel 39
[Genesung und Wiedereingliederung geschädigter Kinder]

Die Vertragsstaaten treffen alle geeigneten Maßnahmen, um die physische und psychische Genesung und die soziale Wiedereingliederung eines Kindes zu fördern, das Opfer irgendeiner Form von Vernachlässigung, Ausbeutung oder Misshandlung, der Folter oder einer anderen Form grausamer, un-menschlicher oder erniedrigender Behandlung oder Strafe oder aber bewaffneter Konflikte geworden ist. Die Genesung und Wiedereingliederung müssen in einer Umgebung stattfinden, die der Gesundheit, der Selbstachtung und der Würde des Kindes förderlich ist.

Artikel 40
[Behandlung des Kindes in Strafrecht und Strafverfahren]

(1) Die Vertragsstaaten erkennen das Recht jedes Kindes an, das der Verletzung der Strafgesetze verdächtigt, beschuldigt oder überführt wird, in einer Weise behandelt zu werden, die das Gefühl des Kindes für die eigene Würde und den eigenen Wert fördert, seine Achtung vor den Menschenrechten und Grundfreiheiten anderer stärkt und das Alter des Kindes sowie die Notwendigkeit berücksichtigt, seine soziale Wiedereingliederung sowie die Übernahme einer konstruktiven Rolle in der Gesellschaft durch das Kind zu fördern.

(2) Zu diesem Zweck stellen die Vertragsstaaten unter Berücksichtigung der einschlägigen Bestimmungen internationaler Übereinkünfte insbesondere sicher,
    a) dass kein Kind wegen Handlungen oder Unterlassungen, die zur Zeit ihrer Begehung nach innerstaatlichem Recht oder Völkerrecht nicht verboten waren, der Verletzung der Strafgesetze verdächtigt, beschuldigt oder überführt wird;
    b) dass jedes Kind, das einer Verletzung der Strafgesetze verdächtigt oder beschuldigt wird, Anspruch auf folgende Mindestgarantien hat:
        I) bis zum gesetzlichen Nachweis der Schuld als unschuldig zu gelten,

II) unverzüglich und unmittelbar über die gegen das Kind erhobenen Beschuldigungen

III) unterrichtet zu werden, gegebenenfalls durch seine Eltern oder seinen Vormund, und einen rechtskundigen oder anderen geeigneten Beistand zur Vorbereitung und Wahrnehmung seiner Verteidigung zu erhalten,

IV) seine Sache unverzüglich durch eine zuständige Behörde oder ein zuständiges Gericht, die unabhängig und unparteiisch sind, in einem fairen Verfahren entsprechend dem Gesetz entscheiden zu lassen, und zwar in Anwesenheit eines rechtskundigen Oder anderen geeigneten Beistands sowie - sofern dies nicht insbesondere in Anbetracht des Alters oder der Lage des Kindes als seinem Wohl widersprechend angesehen wird - in Anwesenheit seiner Eltern oder seines Vormunds,

V) nicht gezwungen zu werden, als Zeuge auszusagen oder sich schuldig zu bekennen, sowie die Belastungszeugen zu befragen oder befragen zu lassen und das Erscheinen und die Vernehmung der Entlastungszeugen unter gleichen Bedingungen zu erwirken,

VI) wenn es einer Verletzung der Strafgesetze überführt ist, diese Entscheidung und

alle als Folge davon verhängten Maßnahmen. durch eine zuständige übergeordnete Behörde Oder ein zuständiges höheres Gericht, die unabhängig und unparteiisch sind, entsprechend dem Gesetz nachprüfen zu lassen,

VII) die unentgeltliche Hinzuziehung eines Dolmetschers zu verlangen, wenn das Kind die Verhandlungssprache nicht versteht oder spricht,

VIII) sein Privatleben in allen Verfahrensabschnitten voll geachtet zu sehen.

(3) Die Vertragsstaaten bemühen sich, den Erlass von Gesetzen sowie die Schaffung von Verfahren, Behörden und Einrichtungen zu fördern, die besonders für Kinder, die einer Verletzung der Strafgesetze verdächtigt, beschuldigt oder überführt werden, gelten oder zuständig sind; insbesondere

a) legen sie ein Mindestalter fest, das ein Kind erreicht haben muss, um als strafmündig angesehen zu werden,

b) treffen sie, soweit dies angemessen und wünschenswert ist, Maßnahmen, um den Fall ohne ein gerichtliches Verfahren zu regeln, wobei jedoch die Menschenrechte und die Rechtsgarantien uneingeschränkt beachtet werden müssen.

(4) Um sicherzustellen, dass Kinder in einer Weise behandelt werden, die ihrem Wohl dienlich ist und

ihren Umständen sowie der Straftat entspricht, muss eine Vielzahl von Vorkehrungen zur Verfügung stehen, wie Anordnungen über Betreuung, Anleitung und Aufsicht, wie Beratung, Entlassung auf Bewährung, Aufnahme in eine Pflegefamilie, Bildungs- und Berufsbildungsprogramme und andere Alternativen zur Heimerziehung.

Artikel 41
[Weitergehende inländische Bestimmungen]

Dieses Übereinkommen lässt zur Verwirklichung der Rechte des Kindes besser geeignete Bestimmungen unberührt, die enthalten sind

(1) im Recht eines Vertragsstaats oder

(2) in dem für diesen Staat geltenden Völkerrecht.

Artikel 42
[Verpflichtung zur Bekanntmachung]

Die Vertragsstaaten verpflichten sich, die Grundsätze und Bestimmungen dieses Übereinkommens durch geeignete und wirksame Maßnahmen bei Erwachsenen und auch bei Kindern allgemein bekannt zu machen.

Artikel 43
[Einsetzung eines Ausschusses für die Rechte des Kindes]

(1) Zur Prüfung der Fortschritte, welche die Vertragsstaaten bei der Erfüllung der in diesem Übereinkommen eingegangenen Verpflichtungen gemacht haben, wird ein Ausschuss für die Rechte des Kindes eingesetzt, der die nachstehend festgelegten Aufgaben wahrnimmt.

(2) Der Ausschuss besteht aus zehn Sachverständigen von hohem sittlichen Ansehen und anerkannter Sachkenntnis auf dem von diesem Übereinkommen erfassten Gebiet. Die Mitglieder des Ausschusses werden von den Vertagsstaaten unter ihren Staatsangehörigen ausgewählt und sind in persönlicher Eigenschaft tätig, wobei auf eine gerechte geographische Verteilung zu achten ist sowie die hauptsächlichen Rechtssysteme zu berücksichtigen sind.

(3) Die Mitglieder des Ausschusses werden in geheimer Wahl aus einer Liste von Personen gewählt, die von den Vertragsstaaten vorgeschlagen worden sind. Jeder Vertragsstaat kann einen seiner eigenen Staatsangehörigen vorschlagen.

(4) Die Wahl des Ausschusses findet zum ersten Mal spätestens sechs Monate nach Inkrafttreten dieses Übereinkommens und danach alle zwei Jahre statt.

Spätestens vier Monate vor jeder Wahl fordert der Generalsekretär der Vereinten Nationen die Vertragsstaaten schriftlich auf, ihre Vorschläge innerhalb von zwei Monaten einzureichen. Der Generalsekretär fertigt sodann eine alphabetische Liste aller auf diese Weise vorgeschlagenen Personen an unter Angabe der Vertragsstaaten, die sie vorgeschlagen haben, und übermittelt sie den Vertragsstaaten.

(5) Die Wahlen finden auf vom Generalsekretär am Sitz der Vereinten Nationen einberufenen Tagungen der Vertragsstaaten statt. Auf diesen Tagungen, die beschlussfähig sind, wenn zwei Drittel der Vertragsstaaten vertreten sind, gelten die Kandidaten als in den Ausschuss gewählt, welche die höchste Stimmenzahl und die absolute Stimmenmehrheit der anwesenden und abstimmenden Vertreter der Vertragsstaaten auf sich vereinigen.

(6) Die Ausschussmitglieder werden für vier Jahre gewählt. Auf erneuten Vorschlag können sie wieder gewählt werden. Die Amtszeit von fünf der bei der ersten Wahl gewählten Mitglieder läuft nach zwei Jahren ab; unmittelbar nach der ersten Wahl werden die Namen dieser fünf Mitglieder vom Vorsitzenden der Tagung durch das Los bestimmt.

(7) Wenn ein Ausschussmitglied stirbt oder zurücktritt oder erklärt, dass es aus anderen Gründen die Aufgaben des Ausschusses nicht mehr wahrnehmen

kann, ernennt der Vertragsstaat, der das Mitglied vorgeschlagen hat, für die verbleibende Amtszeit mit Zustimmung des Ausschusses einen anderen unter seinen Staatsangehörigen ausgewählten Sachverständigen.

(8) Der Ausschuss gibt sich eine Geschäftsordnung.

(9) Der Ausschuss wählt seinen Vorstand für zwei Jahre.

(10) Die Tagungen des Ausschusses finden in der Regel am Sitz der Vereinten Nationen oder an einem anderen vom Ausschuss bestimmten geeigneten Ort statt. Der Ausschuss tritt in der Regel einmal jährlich zusammen. Die Dauer der Ausschusstagungen wird auf einer Tagung der Vertragsstaaten mit Zustimmung der Generalversammlung festgelegt und wenn nötig geändert

(11) Der Generalsekretär der Vereinten Nationen stellt dem Ausschuss das Personal und die Einrichtungen zur Verfügung, die dieser zur wirksamen Wahrnehmung seiner Aufgaben nach diesem Übereinkommen benötigt.

(12) Die Mitglieder des nach diesem Übereinkommen eingesetzten Ausschusses erhalten mit Zustimmung der Generalversammlung Bezüge aus Mitteln der Vereinten Nationen zu den von der Generalversammlung' zu beschließenden Bedingungen.

Artikel 44
[Berichtspflicht]

(1) Die Vertragsstaaten verpflichten sich, dem Ausschuss über den Generalsekretär der Vereinten Nationen Berichte über die Maßnahmen, die sie zur Verwirklichung der in diesem Übereinkommen anerkannten Rechte getroffen haben, und über die dabei erzielten Fortschritte vorzulegen, und zwar:
   a) innerhalb von zwei Jahren nach Inkrafttreten des Übereinkommens für den betreffenden Vertragsstaat,
   b) danach alle fünf Jahre.

(2) In den nach diesem Artikel erstatteten Berichten ist auf etwa bestehende Umstände und Schwierigkeiten hinzuweisen, welche die Vertragsstaaten daran hindern, die in diesem Übereinkommen vorgesehenen Verpflichtungen voll zu erfüllen. Die Berichte müssen auch ausreichende Angaben enthalten, die dem Ausschuss ein umfassendes Bild von der Durchführung des Übereinkommens in dem betreffenden Land vermitteln.

(3) Ein Vertragsstaat, der dem Ausschuss einen ersten umfassenden Bericht vorgelegt hat, braucht in seinen nach Absatz 1 Buchstabe b vorgelegten späteren Berichten die früher mitgeteilten grundlegenden Angaben nicht zu wiederholen.

(4) Der Ausschuss kann die Vertragsstaaten um weitere Angaben über die Durchführung des Übereinkommens ersuchen.

(5) Der Ausschuss legt der Generalversammlung über den Wirtschafts- und Sozialrat alle zwei Jahre einen Tätigkeitsbericht vor.

(6) Die Vertragsstaaten sorgen für eine weite Verbreitung ihrer Berichte im eigenen Land.

Artikel 45
[Mitwirkung anderer Organe der Vereinten Nationen]

Um die wirksame Durchführung dieses Übereinkommens und die internationale Zusammenarbeit auf dem von dem Übereinkommen erfassten Gebiet zu fördern;

(1) haben die Sonderorganisationen, das Kinderhilfswerk. der Vereinten Nationen und andere Organe der Vereinten Nationen das Recht, bei der Erörterung der Durchführung derjenigen Bestimmungen des Übereinkommens vertreten zu sein, die in ihren Aufgabenbereich fallen. Der Ausschuss kann, wenn er dies für angebracht hält, die Sonder-Organisationen, das Kinderhilfswerk der Vereinten Nationen und andere zuständige Stellen einladen, sachkundige Stellungnahmen zur Durchführung des Übereinkommens auf Gebieten abzugeben, die in ihren jeweiligen Aufgabenbereich fallen. Der Ausschuss kann die Sonderorganisationen, das Kinderhilfswerk der Vereinten Nationen und andere Organe der Vereinten Nationen einladen, ihm Berichte über die Durchführung des Übereinkommens auf Gebieten vorzulegen, die in ihren Tätigkeitsbereich fallen;

(2) übermittelt der Ausschuss, wenn er dies für angebracht hält, den Sonderorganisationen, dem Kinderhilfswerk der Vereinten Nationen und anderen zuständigen Stellen. Berichte der Vertragsstaaten, die ein Ersuchen um fachliche Beratung oder Unterstützung

oder einen Hinweis enthalten, dass ein diesbezügliches Bedürfnis besteht; etwaige Bemerkungen und Vorschläge des Ausschusses zu diesen Ersuchen oder Hinweisen werden beigefügt;

(3) kann der Ausschuss der Generalversammlung empfehlen, den Generalsekretär zu ersuchen, für den Ausschuss Untersuchungen über Fragen im Zusammenhang mit den Rechten des Kindes durchzuführen;

(4) kann der Ausschuss aufgrund der Angaben, die er nach den Artikeln 44 und 45 erhalten hat, Vorschläge und allgemeine Empfehlungen unterbreiten. Diese Vorschläge und allgemeinen Empfehlungen werden den betroffenen Vertragsstaaten übermittelt und der Generalversammlung zusammen mit etwaigen Bemerkungen der Vertragsstaaten vorgelegt.

Artikel 46
[Unterzeichnung]

Dieses Übereinkommen liegt für alle Staaten zur Unterzeichnung auf.

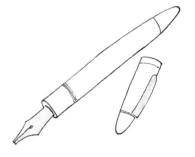

Artikel 47
[Ratifikation]

Dieses Übereinkommen bedarf der Ratifikation. Die Ratifikationsurkunden werden beim Generalsekretär der Vereinten Nationen hinterlegt.

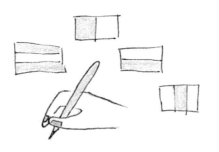

Artikel 48
[Beitritt]

Dieses Übereinkommen steht allen Staaten zum Beitritt offen. Die Beitrittsurkunden werden beim Generalsekretär der Vereinten Nationen hinterlegt.

Artikel 49
[Inkrafttreten]

(1) Dieses Übereinkommen tritt am dreißigsten Tag nach Hinterlegung der zwanzigsten Ratifikations- und Beitrittsurkunde beim Generalsekretär der Vereinten Nationen in Kraft.

(2) Für jeden Staat, der nach Hinterlegung der zwanzigsten Ratifikations- und Beitrittsurkunde dieses Übereinkommen ratifiziert oder ihm beitritt, tritt es am dreißigsten Tag nach Hinterlegung seiner eigenen Ratifikations- oder Beitrittsurkunde in Kraft.

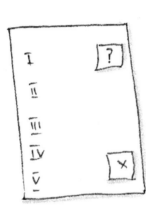

Artikel 50
[Änderungen]

(1) Jeder Vertragsstaat kann eine Änderung vorschlagen und sie beim Generalsekretär der Vereinten Nationen einreichen. Der Generalsekretär übermittelt sodann den Änderungsvorschlag den Vertragsstaaten mit der Aufforderung, ihm mitzuteilen, ob sie eine Konferenz der Vertragsstaaten zur Beratung und Abstimmung über den Vorschlag befürworten. Befürwortet, innerhalb von vier Monaten nach dem Datum der Übermittlung wenigstens ein Drittel der Vertragsstaaten eine solche Konferenz, so beruft der Generalsekretär die Konferenz unter der Schirmherrschaft der Vereinten Nationen ein. Jede Änderung, die von der Mehrheit der auf der Konferenz anwesenden und abstimmenden Vertragsstaaten angenommen wird, wird der Generalversammlung zur Billigung vorgelegt.

(2) Eine nach Absatz 1 angenommene Änderung tritt in Kraft, wenn sie von der Generalversammlung der Vereinten Nationen gebilligt und von einer Zweidrittelmehrheit der Vertragsstaaten angenommen worden ist

(3) Tritt eine Änderung in Kraft so ist sie für die Vertragsstaaten die sie angenommen haben, verbindlich, während für die anderen Vertragsstaaten weiterhin die Bestimmungen dieses Übereinkommens und alle früher von ihnen angenommenen Änderungen gelten.

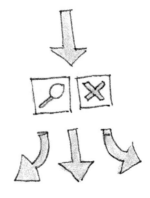

Artikel 51
[Vorbehalte]

(1) Der Generalsekretär der Vereinten Nationen nimmt den Wortlaut von Vorbehalten, die ein Staat bei der Ratifikation oder beim Beitritt anbringt, entgegen und leitet ihn allen Staaten zu

(2) Vorbehalte, die mit Ziel und Zweck dieses Übereinkommens unvereinbar sind, sind nicht zulässig.

(3) Vorbehalte können jederzeit durch eine an den Generalsekretär der Vereinten Nationen gerichtete diesbezügliche Notifikation zurückgenommen werden; dieser setzt alle Staaten davon in Kenntnis. Die Notifikation wird mit dem Tag ihres Eingangs beim Generalsekretär wirksam.

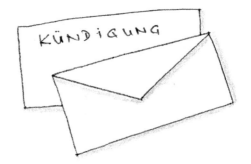

Artikel 52
[Kündigung]

Ein Vertragsstaat kann dieses Übereinkommen durch eine an den Generalsekretär der Vereinten Nationen gerichtete schriftliche Notifikation kündigen. Die Kündigung wird ein Jahr nach Eingang der Notifikation beim Generalsekretär wirksam.

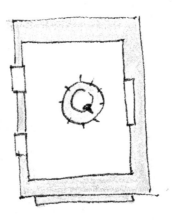

Artikel 53
[Verwahrung]

Der Generalsekretär der Vereinten Nationen wird zum Verwahrer dieses Übereinkommens bestimmt.

حقوق الطفل
儿童权利
Children's Rights
Droits des Enfants
Права детей
Derechos de los Niños

Artikel 54
[Urschrift, verbindlicher Wortlaut]

Die Urschrift dieses Übereinkommens, dessen arabischer, chinesischer, englischer, französischer, russischer und spanischer Wortlaut gleichermaßen verbindlich ist, wird beim Generalsekretär der Vereinten Nationen hinterlegt.

Zu Urkund dessen haben die unterzeichneten, von ihren Regierungen hierzu gehörig befugten Bevollmächtigten dieses Übereinkommen unterschrieben.

Über den Verfasser

Der Verfasser, Prof. Dr. iur. Remo Laschet, ist 60 Jahre alt, verheiratet, Vater von vier erwachsenen Kindern und Großvater zweier Enkelinnen. Er ist seit 1993 als Rechtsanwalt zugelassen und geschäftsführender Gesellschafter der Rechtskontor PartGmbB, www.rechtskontor.koeln und beschäftigt sich dort schwerpunktmäßig mit Immobilientransaktionen und -entwicklungen, gesellschaftsrechtlichen Fragen, Vermögens- und Unternehmensnachfolge sowie Konfliktmanagement. Der Verfasser ist außerdem seit 1996 Lehrbeauftragter und Professor für Wirtschaftsrecht, Alternative Streitbeilegung und Konfliktforschung an der Rheinischen Hochschule Köln, www.rh-koeln.de.